오토바이 저 남자

오토바이 저 남자

이든시인선 073

이형자 시집

이든북

| 시인의 말 |

이야기 속으로

충남 논산시 성동면 병촌리
우리 집 저 남자와 싸워가며
농촌주택 야무지게 지었습니다
비록 작지만 창대하리라

뜻이 같은 친구들 맑은 웃음
오다가다 시원한 지하수 발 담그고
수박 한 통 척 갈라 땀방울 식히면 좋겠지요
몇 몇 문학지에 이름 같이 올린 시인들
보고 싶은 얼굴들이여
곱고 여린 성정 걸어나와
신선한 야채 쌈 삼겹살 굽는 연기
시어 지을 때도 있겠지요

그런데 말입니다 주인의 허락도 없이
풀이 먼저 영역을 넓혀
풀과의 전쟁 언제 싸워 보았어야지요
허리 다리 어깨 속수무책 말이 아니어요
얼굴은 검정투가리 같아요
어떡하죠

쏟아져 내리는 별, 양푼 같은 달빛
댓잎 스치는 바람소리
앞 무논 개구리 울음소리 들어 보셨나요
다락방에서 내다 본 그 맛
보싯잎이 횟닥횟닥 말을 걸거든요
배불뚝이 어머니 항아리도 "잘했다" 이야기책 넘겨요

2021. 6. 30.

차례

시인의 말　이야기 속으로　———— 4

제1부

밥의 입　————　13
오토바이 저 남자　————　14
마법의 거리　————　16
바람의 몸짓　————　18
지렁이 월례회　————　20
구우면 돼지　————　21
평등의 원칙　————　22
장밋빛 사랑　————　24
호장태　————　25
땅콩 밭 일기　————　26
오적어烏賊魚　————　28
민들레 별궁　————　30
생명의 초대장　————　32
제등 행렬　————　33

제2부

겨울 마늘밭	37
나무성자	38
교감	40
더덕의 눈매	41
해 동냥	42
호박꽃의 문	43
어느 교수님의 남자 만들기 전날 밤 이야기	44
밭의 경계	46
송화다식	48
아그배 꽃	49
귀퉁이 집 대추나무	50
동치미	52
탁란	54
거진항에서	56

제3부

일탈을 꿈꾸는 여자 —— 59
파란 마음 —— 60
뻐꾸기 울음 —— 62
그때 거기 순이는 —— 64
기다림 —— 65
지상의 거처 —— 66
가을 이유 —— 67
피와 살의 관계 —— 68
기도 할게 —— 70
용서한 이름 —— 71
원호청 총각의 첫사랑 일기장 —— 72
참 —— 74
산모기 —— 75
꽃등 —— 76

제4부

나비와 아이 — 79
아직도 살아 있네 — 80
풀에게 — 82
매듭 — 83
어느 날의 기도 — 84
꽃 속에서 — 85
목백일홍 — 86
겨울 사철나무 — 88
못난이 호박 보내온 이유 — 90
흑산도 홍어 아가씨 — 92
마른명태 한 마리 세운 이유 — 94
'아이스케끼' 그 동작은 — 95
남녀 노부부의 바람의 나이 — 96
봄비로 오시나요 — 98

제5부

털을 뽑는 이유 —— 101
여기 나요 나요 밟고 밟힌 이유 —— 102
인생극장 —— 104
일요일의 아침상 —— 105
달빛 양푼 —— 106
밤매미가 안부를 묻는가 —— 108
가로수 암은행나무 아래서 —— 110
눈을 흘기다 —— 112
노을·2 —— 114
나에게 —— 116
늦가을비 내리는 날의 생각 —— 118
한여름 밤의 꿈 —— 120
새집 —— 121
무릎 관절經 —— 122

■ **작품해설** ‖ 양애경 —— 125
어깨동무하며 넘어가는 생

1부

밥의 입

대로변 보도블록 길을 간다
여기저기 가로 세로 네 모서리로 누운
바닥의 전단지
바람에 날려도 안 된다
기어코 꼭 붙어 있어야 일어서리라

무수히 활보하는 눈빛에 짓밟혀야
팔 벌리고 입 열리는
새파랗게 일어서는 소리의 주문들
그 무엇으로
낮게 산다는 것은 그런 것인가

진정 보고 들었는지
저 밥의 입
말없이 검푸른 아우성을 보라

오토바이 저 남자

빨간 불빛 잡힌 버스 속에 앉아
창문 밖 부릉거리는 오토바이 본다
안전모 아래로 땀방울 범벅인 얼굴과
부르터 핏물이 엷게 맺힌 입술
눈빛 이리 돌렸다 저리 돌렸다 하는 저 남자

펄펄 끓는 아스팔트 지열을 이겨야 했고
정수리 위로 쏟아지는 햇살은 가벼웠겠는가
찔러야 재미인 세상은 가만히 두었겠는가

집에서 기다리는 눈망울은 매일 재잘거리고
오매불망 누구보다 더 빨리 튀어 나가야
살아내는 길목 앞에서
시간은 언제나 여린 손톱만 보였겠는가

파란 신호등 안내로 저리 빨리 튀어 앞지르는데
이름도 성도 모르는 저 남자의 뒷모습
안전핀 꼭 쥔 버스 안에 앉아 두근두근 바라보고 있다

내가 그의 심장이 된 순간이었다

마법의 거리

언제나 수수하고 정갈한 여인
오롯이 앉은 자리에서 싱그럽다

매번 옆에 앉은 남자
건너편에서 마주보고 앉는 남자
도무지 좁혀지지 않는
앞과 옆의 거리를 놓고
덕담인 듯 칭찬인 듯 한 마디씩 던진다

가느다랗게 흔들렸던가
입 툭 내밀고 앞에서 건너보며
눈만 환하지 온기조차 묻어오지 않는
강 건너 불 운운하며 한 마디 한다

옆에 남자 눈을 찡긋대며
화장이나 짙게 했다면 분 냄새나 맡지
화장기도 별반 없다 했다

내심 깊이 묻어두었다가
손톱을 깨무는 마법의 거리가 있다
이브의 원죄 아담의 유죄

혹여 누구라도 밑도 끝도 없는
이 두근대는 온도 재 본 적 있던가

바람의 몸짓

앞만 보고 달리다가 놓쳐버린 봄바람

눈치 빠른 사람들은 새해 우수경칩
봄이 다시 돌아왔다 하네
언론 종편 방송 삼사는
정신 차려 혹간다 바람을 잡는데

깡꼬랑한 눈초리와는 별개로
들랑달랑 어디서 본 듯 먼저 온 바람
승강기 앞에 층수 기다리고 섰네

쑹쑹 윙윙
승강기 올라오는 소리인지
윙윙 쑹쑹
바람 따라 오는 푸리끼리한 몸짓인지

발갛게 입술연지 바르고 승강기 탄 여인
저 만큼 앞서 또옥또옥

하이힐 청량한 구두소리
분내 바람 잡으러 가는 모양이네

휘파람을 불며 따라가는 바람
그냥 따라가 한 번쯤 갇혀버리고 싶네

지렁이 월례회

지렁이는 땅속을 뒤집다가
살기 위해 비오는 날 나와
느릿느릿 몸을 적신다나 봐요
비 오는 날을 못내 기다렸겠지요
곁발질로라도 지렁이 밟지 마세요
비 온 뒤 날 햇볕을 만나
마른 모래알을 감은 채
개미 침범을 받은
안타까운 명운이 될까봐서요
농사 일기예보
그의 몸의 말에 귀 기울이세요

구우면 돼지

상형문자로 가로 누운 안내가 아리송하다
붉은 색이 힘인가
큰 길 식당 앞 지나는 이들 힐끔거리며
재미있게 끼리끼리 하하 호호

오른쪽에 선 젊은이
웃는 들창코에 끌렸던 모양
능청스럽게 손을 잡아당기며 굽고 싶다
침을 꼴깍 삼키는 소리

고소한 돼지 살점은
음식점 불판 위에서만 지글지글
요란한 줄 알았는데
간판 속에서도 노릇노릇

'어서오세요' 침샘을 유혹하며
목젖이 보이도록 푸짐하게 웃는다

평등의 원칙

베란다 창가 한 귀퉁이 목 빼고 앉은 다육이
본성 그대로 온 몸 창 쪽으로
목숨줄 늘여 넘실넘실 밖을 넘보고 있다

오다가다 물 한번 찔끔
크게 정성들여 돌본 적 없는데
살기위한 최선의 반란인 듯
둥글둥글 잎사귀 곤두세우고 기울기 늘인다

바람의 손짓 일찍 알아차린 줄기
봄부터 여름 지나 가을
섣달그믐 겨울 한가운데
들쭉날쭉 어느 사이 조막손 꽃망울
때를 알고 길어 올린 꿈

세간의 유행 따라 철삿줄로
나뭇가지 꼬아 수형 세운 동백나무 분재 밑
천덕꾸러기 삐틀어졌다 비웃지 않을 것이며
기준에서 기울기 조정하지 않을 것이다

최소한의 예로 바라보기로 했다
거기 있어 생긴 대로 바라 봐 주는 일
그도 평등의 원칙 아니던가

설령 조금 늦다한들 기준 무시하고 앞서거나
노력 없이 많다거나 적다거나
삐죽빼죽 불평하지도 않을 것이다

장밋빛 사랑

5월 어느 날 어디선가
툭툭 터지는 소리가 밤새 나더니
새벽 기도 길
골목 담벽 넝쿨장미꽃 흐드러졌다

오늘 하루 오선지 위의 음표
오르락내리락 시작이다

새벽기도 제목은 그곳에서부터
붉은 꽃잎 입으로
줄줄이 외워 되살아나고 있다

어제 밤 꿈속의 성경
하나님 당신의 나라가 부자이시더이다
순금 빛 터지는 햇살
가난해 슬픈 이도 병들어 아픈 이에게도
밤새워 내리신 장밋빛 사랑

호장태

울퉁불퉁 자란 먹감나무
곧게 자란 결 그대론 어림도 없다 했다
누군가의 눈결에 띄어
대팻날로 익혀 발가벗긴 몸이다

삐딱해서 잘난 호장태란다
연하면 연한 결대로 바다 같고
진갈색 진한 대로 깊은 산야 같다
울그락불그락 성난 혼이어야
그런 대로 달랠만한 가치가 있다 했다

지지대 위 먹감나무 걸어놓고
눈을 찡그렸다 결에 침을 베었다
땀을 흘리는 장인 앞에 서서
세상 걷다가 걷다가 몸에 난 상처
아물리듯 흘겨 짚어 떠보는데

얼마만큼의 값으로 호장태 지녔던가
누구는 소설책을 매도 몇 권은 맨다든데

땅콩 밭 일기

모든 꽃은 하늘 향해 피는데
검지 첫 마디만한 노란 꽃송이
대지를 향한 고갯짓 처음 보았다
팔월 추석 무렵까지 숨긴

한집 오른쪽 왼쪽 독단으로 까만 눈
고라니에게 싹둑 잘려 먹힌 날
길 건너 몸뻬바지 밭주인은
움도 싹도 없다며 방방 뛴다

하늘로부터 무슨 은사를 받았기에
낮에는 자도 밤마다 내려와
주인 허락 없이도
여린 순만 골라선 시식하고 가는가

하나님은 알곡과 가라지를 뽑아
구분하지 말라 하셨던가
그나마 남은 연노란 땅콩 꽃잎

오도카니 바라보고 서 있다

길 건너 은혜교회 장로님
주신 대로 남는 것 먹자고 한다
눈에 넣을 말 같은데
어제 본 노란꽃이 자꾸만 밟힌다

오적어 烏賊魚

오적어를 아시나요
오징어의 아호인가
까마귀를 잡아먹는다나요
밀물과 썰물의 넘실거리는 바다에도
어김없이 봄이 넘실거리고요
시도 때도 없이 먹이사슬 고리가
새파랗게 번득이고요
능청능청 뼈도 없는 것이
삼각 머리와 몸통을 뒤집고
다리는 물속에 감추어 놓는대요
는질는질한 배 허옇게 늘여
죽은 듯 바다 위에 누워 떠 있다나요
음흉스럽게 바다 위를 얕게 날던
까막 까마귀가요
때는 이때다 기다렸다는 듯
독살스런 대가리 아래로 꽂고 내려와
부리로 쪼려는 순간 오징어는
'옳거니 내가 언제 능청거렸다더냐'

숨겨 두었던 긴 다리에 달린 흡착기로
무섭게 휘감고 빨아 포박한대요
작은 다리 여덟 개 잽싸게 칭칭 감아
바닷물 속으로 끌고 들어 간대요
믿거나 말거나
다산의 「수산어보」를 보면 안대요

민들레 별궁

봄비 내린 뒤
가로수 은행나무 밑에
노랗게 퍼질러 앉은 꽃
마구마구 펼쳐 날려 보냈네
하얗게 빈 별궁

단단한 나무 밑에서
가위라도 눌렸을 법한데
제 종족 퍼뜨리기 위해
자존심 같은 건 범절로 묻었던가

샛노란 눈 질끈 감고
칼 든 겨울을 나던
질기고 긴 생의 고리

긴 겨울 힘들고 질겨
부담스럽다 뽑아 버릴까
지나다 발길 멈춰 들여다보네

길 건너 번들번들 호사스러운 백화점 앞
사소해서 더 화사한 봄날이
정녕 낯설다

생명의 초대장

누군가 얼마나 다급했으면 길가에
신문지 깔고 초인간적 한 자루 위
구멍구멍 빈틈도 없이 눈 붉힌 똥파리가 새까맣다

지린내 구린내 진동한 자리
뉘라도 옆으로 지나가고 돌아오면
사정없이 날아갔다 또 돌아와 앉았다

밟을까 눈살 찌푸리고 가지만
냄새로 길잡이 나선 미물에겐
윙윙 태반 속 위대한 성찬의 장이 되었다

그런 줄도 모르고 더럽다고
냄새난다고 코 싸매들고 멀리 돌아
도전도 없이 외로워 고개 돌려버린 이여

눈을 크게 뜨고 보라
백주에 길거리 자리 잡고 앉아
찬란한 냄새로 알린 생명의 초대장 아니던가

제등 행렬

초록색 가을하늘 밑
싱싱한 대궁 올려 세운 채마밭
마지막 제등 행렬은 시작되었다

저마다 바람으로 흔들린 만큼
솜털 등에 업혀 길게 늘인 날
나름대로 겨자씨만하면 어떤가

다시 돌아올 날의 약속으로
가장 정갈하게 움켜 쥔 채
흐드러져 깔깔대던 엉겅퀴 꽃씨
뒤돌아 볼 겨를도 없이
바람 타고 제등 행렬 나섰다

논산시 성동면 병촌리
초보농사꾼 설익은 눈매로
고요히 따라가 본다

2부

겨울 마늘밭

마늘씨 두 두렁 심어 놓고
대전 온 지 한참 된 어느 날
벌써 마늘 싹이 제법 컸더라며
병촌리 마늘밭 소식 전해주네요

그렇게 겨울 나고 줄기 키워 밑을 들어
한 알의 밑알이 육쪽을 낳겠지요
마늘 싹은 비바람 이기는 이치 미리 알고
겨울을 통해
우주 그려 놓고 흔들리겠지요

메마른 겨울밭 지킨 푸른 싹처럼
긴 밭에 심겨 흔들리고 싶다며
세기 끝 입 내밀고 서서
현관문 탁 닫고 나가는 앞집 젊은이
안타까운 가슴에 심어 주고 싶네요

나무성자

몇 바퀴 돌아와 내어준 대가인가

계절 따라 돌아오고 돌아가는 철새
홰치는 푸른 독경 소리 듣고
하얀 여름 까만 겨울
둥근 몸을 누벼 품었다가
바라다 본 만큼만의 문을 연다

벌목공의 노련한 솜씨로
베어지지 않으면 한 발작 움직일 수도
속내 내보일 수도 없다
많은 날 천둥 번개 왜 없었겠냐마는
체관과 물관 오르락내리락
선채로 몸집 부풀린 묵언수행

제자리 받아 내려와
잎과 가지 다 털어낸다
가로로 잘리고

세로로 대패밥 밀려 질러도
사계절 내내 생살 돋아 지킨 성품
물결 같은 나이테로
비로소 나무성자가 된다

교감

매화나무와 교감 나눠나 봐요
잘 보살펴만 주면
궁전 속 여인이 되겠다며

모 농학박사댁 청매실 나뭇가지
요래조래 모양 있는 대로 수형 잡아
사람의 키 높이로
범접할 수 없는 만삭의 몸
무섭게 잔인한 것 같지만
아침 저녁으로 하얗게 통했나 봐요

시도 때도 없이 눈인사 던지며
궁으로 가는 그림 속의 여인
눈부시게 웃고 있을 것이구만요

더덕의 눈매

발가벗겨 속살 도마 위에 통통
온몸 고추장에 옷 입혀야
발갛게 살아 핀다 했지

하얀 진액 다 토해 놓고
찐득찐득 손끝에 감도는 향기
그릇 속 퍼진 눈매조차 도도하다 했지

통깨 솔솔 올라앉은 밥상에서
한 젓갈씩 들고 눈치껏
자꾸자꾸 손길이 간다 했지

연두색 접시 한가운데 간종하게 누워
과기대로 유학 간
그 댁 손자 입맛 기다린다 했지

해 동냥

우수경칩 막 지난 어느 날부턴가
햇살이 쏟아지는 창가 쪽으로
고개 돌려 쳐든 군자란 꽃대

새 꽃대궁 세운 소담한 꽃잎
해 우러르고 있다
지지대 꽂아 대고 목을 세웠다

불그스름 꽃물 든 얼굴에도
파리한 떨림이 지나가고 있다

군자란 꽃 싹 올리는 이른 봄부터
한줄기 봄볕에
해 동냥 할 일이 있다는 듯

호박꽃의 문

분명 한 넝쿨일지라도
암호박꽃과 수호박꽃이 애초부터 따로 있다

암호박꽃은 애기호박을 미리 달고 피어
엄마호박이라고 호박꿀을 푸짐하게 지니고
호탕한 호박벌을 부른다

숫호박 꽃가루 소근소근 귀엣말
머리건 다리건 비릿한 냄새 칠갑으로 두른 호박벌
천둥벌거숭이로 암호박 꽃술에 뛰어 들어
치마폭에 말려 갇힌 날
윙윙 날개 털며 휘젓는 사이 역사는 이미 이루어졌다

얼라려절라려 슬며시 열리는 문
끼웃끼웃 엿보며 기다렸다는듯 애기호박은
번드르르 호박색 연둣빛 자태 뽐내고 있다

어느 교수님의 남자 만들기 전날 밤 이야기

문학 강의실 안
반짝반짝 눈의 조리개 열리는 창밖
오늘처럼 눈이 펄펄 내리는 날이었습니다

남자들은 논산 연무대 쪽으론
고개도 돌리고 싶지 않다 했다던가요

외롭고 초조한 발길
중동 뒷골목에 두려운 점 하나 찍 그려놓고
도망치듯 단무지 가락국수 한 그릇

목포행 새벽 완행열차
대전 찍고 논산 거쳐 강경
밤 기적소리가
왠지 그냥 더 홀가분 하더라 했습니다

부산 바람둥이 큰 형님의 둘째 부인
길게 늘인 분홍치마 자락이 얄미웠다 했다

그리도 급하게 꽃 보러 가서 못 오시는 어머니
참빗질 곱게 쪽진 앞가르마 그 밤만은
천 만 분의 일도 대신 할 수 없었다 했습니다

한 소절씩 넘길 때마다
유유자적 창밖 내다보는 지도교수님과
뛰는 가슴은 한 사람이 걸어간 눈길이듯 울고 웃다가
안경 넘어 아련히
분필가루 날리는 글씨 위 따라가 적고 있었습니다

발의 경계

평생교육원 강의실을 나오는데
인솔교사가 꼬마들 데리고
대학교 견학을 왔는지
복도가 시끌벅적하다
보이는 것마다 새로웠던가
재잘재잘 이야깃거리가 있는 모양이다

강의를 듣고 나오는 교육생들
세상 돌아 본 것 많고 들은 것도 많다
도란도란 줄거리 걸어놓고
빽빽하게 수고했습니다

어울려 섞여 비켜주고 끼워주다
앞서 먼저 걸어간 이
문득 무슨 생각 들었던지
푸념처럼 너희들은 처음이고
우리들은 끝이다

처음과 끝의 경계는 어디
무엇으로 선을 긋는가

네 발로 기다 두 발로 걷다
두 발로 걷다 네 발로 긴다

간간이 네 발이 된 이도 있다
흘러간 강물의 물줄기 아른거렸는지
찬물을 끼얹은 듯 모두 말이 없다
꼬마들이 성스럽게만 보이는가

송화다식

행자 다과상 하얀 접시 위

이조 여인의 깊은 속내가 올라앉아 있죠

도도하게 분칠 없는 연둣빛 몸매

동그랗고 요염해서 자지러질 듯

부드럽고 뽀드득 정갈하죠

진달래꽃 찻잔 솔솔 피어오르는

온기로 두 줄 나란히 피어 있죠

송화색 저고리 흑임자빛 치마 받쳐 입은

저 여인들 이름은 누굴까

아그배 꽃

예뻐라! 저것 좀 봐요
봄 뜰안 가득 꽃향기 풀어 놓았네
벌들이 처녀인 줄 미리 알고 윙윙 바글바글
그새 처녀 젖꼭지만큼 크게 연 아그배도 있네
부끄러워 꽃 속에 숨었네
괜찮아 얼굴 들고 나와 봐

아그배꽃 나무 밑에서
그 봄날의 아낙네 풀매다 말고
막걸리 한 잔 나도 그런 날
저런 때 있었다나 뭐래나
문득 눈 시리게 올려다보며
벌들이 너무 많이 몰려온다나요

귀퉁이 집 대추나무

누군가 소식이 궁금한가 보다
몸을 담장 밖으로 내밀고
골목 안으로 들어오는 차
나가는 차에 뺨을 찰싹찰싹 쳐 맞으며
그렁그렁 붉힌 눈물

봄부터 담장 밖으로 내민 새순이
질긴 여정 별밤 부딪는 바람 소리
무심히 흔들리다
도롱도롱 늘어진 붉은 얼굴

귀퉁이 집 대추나무도
돈 벌어 온다고 떠나가 돌아오지 않는
분이 엄마의 안부를 기다리는가

길 건너 나란히 모퉁이 집
지난 봄 남편을 잃은 아낙조차도
고단한 장화를 끌고 나와 서서

대추나무를 피해 오가는 차 때문에
지붕 물받이가 부서졌다는 핑계를 대며
큰 길을 바라보는 대추나무

동치미

숫자 셀 것도 없다 텃밭에서 키운 무
깨끗이 씻은 속잎조차
큰 항아리 어머니 손맛 불러 채웠다
뒷산 끝자락 댓잎 밭
가지 쪄다 비틀어 항아리 마개를 질렀다

고추씨 배 대파도 따라들어 갔다
쪽파 마늘 생강은 가만히 있었겠는가
싱싱한 소금 간 물 한가득 부어 채우고
비튼 댓잎 위 무거운 돌로 늘렸다
허리 아프다는 것도 헛 말

시원한 다용도실 뚜껑 덮어 두고 몇 날
한 번 헐어보란 재촉에 댓잎조차 한양푼
저녁 밥상 위 백자기 동치미 그릇
나박나박 무 썰고 파란 댓잎 동동

톡! 코끝 먼저 치고 목젖 적시는 이 맛
한 그릇 받아 마신 그 사람

"장모님 손맛 그대로네"

소쩍새 울던 밤 그 선비님들
한지자락 매 난 국 죽 치다
시원스레 목축이던 소리까지
하얀 그림자로 저무는 저녁

탁란

털이 숭숭하거나
비늘이 까끌까끌 하거나
날개를 퍼덕이거나
땅 위를 어슬렁어슬렁 기거나
각종 날것들의 수컷은
제각기 모양대로의 이별법이 있다

털북숭이 원숭이 티티는
새끼 등에 업고 다니며
내 아들 누구 아들 구별없이 보살핀다

산화두꺼비 수정된 알을
뒷다리 사이에 끼고 다니다가 때 맞춰
생물가에 부화 풀어 놓는다

해마는 암컷으로부터 넘겨받은 알 300개
배 속에 품고 다니다가 바닷속 어디인가
툭 툭 털어 배를 비운다

모양과 생리는 다 달라도
후손의 개체수를 보면 애비의 품성을 안다
습성에 따라 풍성하게 흔들린 자장가
멈추지 않은 시간의 체위

개개비의 둥지에 알을 낳아 넣어둔 뻐꾸기
주인 내던지고 살아남은 자
진종일 산골짝 둥지 근처
뻐꾹 뻐꾹 뻐뻐꾹
모질게 울어쌓는 너는 누구인가

거진항에서

거진항에 왔다
어디만큼 가는가 묻는 전화
거진이다 거진 다 왔다 하니
그도 저도 모두 말 된다며 웃는다
거진에서 거진 왔다하는데 무슨 이유

펄떡펄떡 놀래미 뛰고
옆으로 누워 먹물 편지 쥐어주는 오징어
밑바닥까지 다 내보일 듯 쪽빛 바다

오랜만에 만나서 웃고 웃는 다음은 촛대바위
누군가 점 하나를 빼면 좃대바위
사람과 지명 이름들이 닿으면
모두 희극배우가 된다며
왁자지껄 해안 도로를 달린다

3부

일탈을 꿈꾸는 여자

오월 장미꽃 유혹 눈치 챘는가

현관문 나서다가
담장에 핀 오월 장미꽃 보며
우두커니 서 있는 저 여자

빨갛게 꽃물들이듯
꽃바람 날라주고 올 모양이다

엄마! 가방
얘야! 게임 그만해라
금슬 좋은 부부도 이혼 생각해 본 적 있다

이런 일 저런 일 접어두고
오늘 만은 눈 찔끔 감고
장미꽃 유혹 따라나서 볼까

다시 싱싱하게 돌아온 오월처럼

파란 마음

엄동설한 눈 속에서도 제자리
지키는 것이 이기는 것이라 했다던가

구정 지난 어느 날
소복이 쌓인 눈 밑 밭고랑 귀퉁이
얼은 손 호호 부는 냉이를 보라

꽃자리 다툼은 염두에도 없었던지
텅 빈 들판 이만큼 어디냐며
엷은 햇살 땅 속 깊이 뿌리 내려
깊은 감사 납작 꽃망울 쥐고 앉아
결 고운 바람 기다리고 있지 않던가

개나리 흐드러지면 샛노란 바람결에
혹 따라가 하얀 쭉정이만 남겨진다 해도
어느 누가 허수히 볼 일 아니지

하얀 눈 밑에서 냉이 너는
겨우내 웅크린 맘에 들어와

가난한 욕망 다독여 세우고 싶어
소박하게 자리 지키고 앉아 있었나 보다

이름자 위에 적힌 파란 심성

뻐꾸기 울음

인적이 아주 드문 산비탈
고구마 밭에서 혼자 풀을 매는데

들어 보셨나요
물어 보셨나요
산밑 뻐꾸기 구슬픈 울음

어찌나 구슬퍼 두리번두리번
눈물방울 줍는데
근처 어디선가

뻐꾹 뻐꾹 뻐-뻐꾹
개개비 둥지에 낳아 둔
제 알의 안부가 저리도 궁금했던가

오목눈이 대리모의 눈물과
친어미 얼굴 없는 목소리가
아기뻐꾸기 발목을 유혹하는 숲속 일기

구부러진 어머니 손마디가
설핏 스쳐가
저절로 울음 따라가는 한낮

그때 거기 순이는

강가 지나는데
앞에서 누군가 돌을 집어든다
손아귀 팽팽히 튕겨 나가
동그랗게 동그랗게 물수제비 뜬다
차례로 밀려져 가는 물살 위로
고향집 싸리문 달랑대며 문을 연다

강둑 달래 캐는 순이
배시시 얼굴 내밀 때
'크레멘타인' 노랫소리 들린다

건너 다리 밑 모래밭 조개잡이 간 총각이
벗어 놓은 검정고무신도 쫓아간다
그때 거기엔
흐드러진 망초꽃
흔들흔들 따라 걷고 있다

기다림
— 빨간 동백

초겨울부터 자꾸 꼼지락거리더니
봄을 기다리는 몸짓이었나 봐요
봉긋봉긋 가지마다 매단 꿈
밤낮으로 입김 불어
모른 그 님 이름 외어 두었나 봐요
베란다 동백 꽃눈
못내 바닷가 모퉁이 그리워
꽃샘바람 부는 어느 날부터
뾰조록 빨간 꽃잎 내보이네요
있는 대로 속을 다 털어
그만 불 지르네요

지상의 거처

무럭무럭 5월은 온통 짙푸르다

하얀 드레스 목련꽃 지다
울타리 맨 끝자락 연분홍 살구꽃 지다
우물가 올망졸망 앵두꽃 지다
산수유 꽃 지다
난쟁이 보랏빛 제비꽃 지다
무덤가 허리 굽은 할미꽃 지다

졌다 한들 누구도 탓하지 않는다

가을 이유

심장이 두근두근 빨라졌다

멀리 어미 죽고 애비 죽어 우는
쑥국새 때문인가

일찍 깬 텃새 한 마리 아파트 창문을
가로지르기 때문인가

가늠할 수 없는 안개
구불구불 산길을 휘익 감아 도는데
느닷없이 어깨를 툭 치고 떨어지는
가랑잎 때문인가

밤을 지키는 귀뚜라미 울음소리 때문인가

가을비 추적추적 내리는 날
보도 위 이별의 빨간 손도장 때문인가

피와 살의 관계

외손자가 엄지손가락 둘째 마디
어쩌다 깁스를 했단다
학교에서 공 던지기 장난을 하다
헛받아 입은 부상이라 한다

정형외과에 같이 갔다 온 딸아이
눈치를 살피며 물어본 대답
이상해요 재훈이 손가락이 아픈데
손가락 사이로 끼어든 바람
왜 가슴 타 넘어와 제 손가락이 아파요
저 잘 키워줘서 감사해요
사랑해요 엄마!
울음 가득 섞인 목소리다

그런 거다 이상할 것 없다 덩달아
내 눈물도 목이 메어 일어서려는데
딸아이 중2 때 롤라스케이트 타다 부러져
두 달 동안 고생하던
종아리뼈가 아리게 건너와 일어설 수가 없다

손자 손가락이 손자 것이 아니다
딸아이 몸이 딸아이 몸이 아니다
내 맘은 더욱 내 맘이 아니다

서로 안 보이는 1000m 멀리서
아이가 무서워 놀라 우니
멀리 이쪽의 엄마도 별안간
벌떡 일어서더라는
모 의학박사가 주장한
연구 논문을 읽어 본 적 있다

기도 할게

함부로 분별하지 말자
진종일 겨울비 보도블록 위로 쏟아져
짤방짤방 물수제비 뜬다

겨울가뭄 적시는 단비
크리스마스 당신의 선물
12시 3부 예배드리고 돌아온
조용한 오후

거실에서 백시인 사랑하는 이
에또* 축복의 말들이 오고 간다
'우리 건강하게 오래 살자 기도할께'

서투른 생명일지라도 눈은 반짝인다

*시인의 남편의 어릴 적 별명

용서한 이름

창밖 봄으로 흐르는 밤
저 하늘 멀고도 가깝게 반짝이는
별빛조차 왜 잠 못 드는가

깜박깜박 쏟아지는 별빛들
뒤틀린 욕심까지 짚어보다
하고 싶고 묻고 싶은 말
묵언으로 가둔 별 하나 너 하나
별 둘 너 둘 얼굴을 그려본다

아예 처음부터
모르면 몰라도 생각같이
아직은 더 오랜 죽음의 문이 열리어
하늘 나란히 붙박이별이 되는 날

그가 겪은 세상은 옹색했으므로
가당찮겠지만 용서라는 말 붙여
그간 견디고 잘 살아 왔노라

따뜻한 말 건네고 싶다

원호청* 총각의 첫사랑 일기장

페어도페어도 새는 목요일 겨울 빗방울
유행 지난 유성기판으로 돌아 흩어지고 있네요

어쩌다 문득 두근두근 눈앞에 어른거리고
겨울비 하루 종일 내리는 날
그때는 어려서 잘 모른
분명히 무언가 촉촉이 젖고 있네요

얼음같은 쌍꺼풀 때문이었을 거야
"이 계집새끼가 뭐 그리 대단하냐"
평상시는 마시지도 않는 술
볼그스레 술주정 있는 대로 늘린 다음 날

호남선 통근열차 이른 출근 책상 위
대종손 아닌 둘째 집 둘째 아들
고향 전라북도 강진 호적등본
논 다섯 마지기, 밭 천오백 평 등기부등본
5급* 공무원 예금통장?

사무실 내 책상 위 가져다 놓고
고생 안 시키겠다던 그 원호청** 총각

대형노트 일기장 훔쳐 본 바로 아래
예쁘고 깜찍한 여동생
"언니야 이런 사람도 있었구나 언니 바보다"

그 남자 첫사랑 비밀 일기장 몇 페이지
떨어지는 빗방울 쓰담쓰담 물수제비 뜨네요

* 그 당시는 공무원 직급이 5급부터 시작했음
** 60년대 후반에 창설된 원호청 지금은 보훈처

참

서울 문우의 점심 약속 나들이 문득
눈 오는 차창 밖 하얀 솔밭 저만치
이어폰 속 유명 여자가수
'봄날은 간다' 구슬피 퍼지는데

대본에도 없었는데 어느 날
갑자기 지도교수님 하늘에 오르신 후
해마다 무덤가 먹고사리
쏘옥쏘옥 돋아 피고
살랑살랑 봄바람 도반들
웃음소리 흐드러지면

빈손보다 무거운 짐 내려놓고 가라는
자애로운 강의이었을까
고사리 꺾으러 가자는 말은
무심코 던진 핑계일 뿐

참

산모기

앗! 따가워
산모기가 잠자리 만해요

능청하게 쑥갓 밭 그늘에 숨었다가
멋모르고 상추 갈기는 팔뚝
사정없이 물어 초포구멍을 내 놓았어요

"내가 딛는 땅은 내 땅이 아니고
내가 읽는 글은 내 글이 아니고
내가 하는 말은 내 말이 아니고"*

소리도 없이 슬금슬금 날아와
연하디 연한 곳을 또 탐색 중
네 피가 필요해 애 앵 애앵
모기의 입장에서
내 느낌은 내 뜻이 아니라나 봐요

* 조해일 시 「모기」에서 인용

꽃등

꽃샘추위가 물러가고
앞산 뒷산 온 동네
꽃대궐 불꽃놀이
울긋불긋 목청껏 고함치네

그도 저도 발길 다퉈
불꽃에 뛰어들어 밤잠 설치네

어느 날 갑자기
비와 바람 합세하여
잔가지 스치고 지나가는 꽃비 되었네
덩달아 거리에서 젖네

누군가 부르는 소리 뒤돌아보니

꽃등 내걸렸던 자리
어느새 올록볼록
쌍둥이네 엄니 젖가슴 풀어 놓았네

4부

나비와 아이

봄비 진종일 내려
먼지 팃검불 씻겨 청명한 날
햇빛이 흔전만전 부서져 내리네요

저만큼 천변 장다리꽃밭
배추흰나비 노랑나비
하롱하롱 나네요

엄마 손잡고 나온 아이
깨금발로 따라가다가 놓친 듯
주저앉아 아앙 울어버리네요

아직도 살아 있네

출발 지점 한참 지나
가슴이 두근두근 KTX 보다 더 빨리 뛴다

귓바퀴 손도 대보고
혼자 맥도 짚어보고
용천혈도 눌러보고
급히 먹은 아침밥 체기가 있는지

이곳저곳 떠올려도
이일 저일 생각해도
그 까닭 나타나지 않더니

맞닿아 있는
검정 망사스타킹 입은 다리와
오월 밤꽃 향기 옆좌석 다리

어느 날인가
겨울 윗목에서 솜이불 같이 덮는 사람

퉁명스레 던지던 말

"차 속에서 다리 대고 다니지 마"

까맣게 잊은 줄 알았는데
두근두근
아무도 모르게 홍당무가 되었네

풀에게

비도 바람 이슬이 필요했겠지
풀이 얼마나 기광을 부리는지
하늘에 고하고 싶은 소원 있는지
어디 풀만이 하늘에 닿고 싶었겠는가
사방을 둘러보며 비구름을 부르다가
잠깐씩 풀에게
산다는 것이 뭔지 물어보니
풀도 언제 베어질지 모른다 하든가

매듭

첫 새벽 어린이집 뒷동 뉘집에선가
창문 반짝 불이 켜진다

순간 반가웠다
시간이 성큼성큼 걸어와
한 집 또 한 집
어둠을 밀어내고 있다

아래층인가
위층에선가
땡그랑 수저 그릇 떨어뜨리는 소리
그렇게 밤의 매듭을 푸네

세상이 열리는 하늘 아래 동네에선
아프다 울지 않고
늦었다 포기하지 않네

어느 날의 기도

시가 써지는 날이든
시에 막히는 날이든
세상은 변함없는데

밤새도록
ㄱ ㄴ ㄷ ㄹ로 구부려
ㅏ ㅑ ㅓ ㅕ 앓는 소리를 내며
원고지에 갇혀 버린 날

그러하지 아니 하실지라도
시험에 들게 하지 마옵소서

꽃 속에서

천변 코스모스 꽃에 갇혔다

보송보송 단발머리 소녀였던가
아슴아슴 꿈이었던가

실바람에도 살랑대는 꽃이여

목백일홍*

그 여인의 이름은 그저 이조 여인
본디 글을 쓸 줄 모른다 했다
붉은 목백일홍 꽃잎은 읽을 줄 안다 했다
백일 동안 피고 지고 지고 핀다 해서 백일홍
그의 남자가 구전으로 듣고 읽어 주었다 했다

목백일홍 꽃과 벼농사는 같이 간다 했는데
백일홍 목이 한번 흔들리다 피면 초복
초복 지나면 벼 한 마디 오르고
두 번째 목 흔들리면 중복
중복이면 벼 두 마디 나오고
백일홍 목 세 번 흔들려 피면 말복
삼복을 지난 벼이삭은 재목 다 받아 들고
고개를 쏘옥 내민다 했다

서마지기 논배미 무덤가를 물들이고
강산을 건너와 명옥헌** 연못가 흐트러져
붉은 꽃잎보다 더 진한 가슴으로

논두렁 새참 이고 달리던
그 여인의 치맛자락 흔들리고
가난한 남자의 투박한 소리
설핏 들린다 했다

* 밥알꽃이라고도 불렀다, 본문에서 읽은 것 같이
  벼 세 마디와 같이 세 번 핀다 했다
** 전남 담양군 고서면에 있는 정원이름

겨울 사철나무

봄 여름 가고 가을에만 꽃이 핀다했던가
여기 골목집 대문 안
눈 속에 서서 붉게 핀 사철나무
봄부터 오므린 꽃씨 겨울 빨갛게 물들이네
첫 새벽 퍼붓는 눈보라도 무섭지 않네

동글동글 잎사귀 하얀 아침 받쳐 들고
구도심 활성화 재건축이다 뭐다
드문드문 텅 빈 골목길 내려다 보며
빈집 뜨겁게 지키고 있네

삼백육십오일 중 흰 눈 내리는 날
푸르렀던 숨 고르는 소리
때론 그렇게 몸부림치며
밖으로 나오려는 울음 감추었기에
눈 속에서도 빨간 꽃씨 왕관 썼네

포르륵 포르륵 날아온 참새 몇 마리
꽃씨 언저리 쪼아대다

이유 같지 않은 핑계
뒤도 안 돌아보고 화들짝 떠나가 버리는
외로움은 왜 없었겠는가
삭풍에 통째로 얼리는 밤의
무서움을 세는 겨울 사철나무

못난이 호박 보내온 이유

옥천 포도농사 한 시인에게
시집을 한 권 선물했더니
감사와 함께 글을 가지고 논다며
늙은 호박 몇 통 보내왔다
그중 제일 울퉁불퉁 못생기고 작은놈을 갈랐다
조그만 뱃속에서 웬 씨를
그리도 많이 배고 있었던가
채반에 한가득 낳았다

문득 언젠가 길을 지나다 보고 들은 소리
누군가 돈도 없고 볼품없는 것이 젖통이만 커서
애를 다섯이나 낳았다며 흉을 본 모양이다
왜 네가 무엇으로 내 일에 상관
당당히 비아냥 이기고 선 못난 여자

저기 저 동네 그쪽
잘 나고 돈 많아서 결혼도 안 하고 애도 안 낳는가
설령 시집장가 갔다 해도 잘났어! 정말

세상 살아가는 비율을 백분율로 보았을 때
국민의 수가 50% 이상 짊어져야
커다란 나라의 구성 요소라 했다
인구 수 따라 시 군 단위로 정해지는 행정구역
젖퉁이만 큰 못난 인생이 나라의 축을 짊어졌잖은가
우주 불러들여 떠받치지 않았다 하잖턴가

옥천 사는 포도농부 한씨
툭툭 글을 부릴 줄 안다는 말들 담아
애둘러 호박 다섯 통 보낸 이유

이래저래 문제가 같아 다 정든 사람들끼리
얼싸하고 절싸하게
농촌에서도 비릿한 젖내음 애기 울음
간절히 듣고 싶기 때문인가

흑산도 홍어 아가씨

흑산도 홍어인지 잘 알 수는 없지만
넙죽 넙죽 썰어 큰 접시 한가득
상에 올려 먹어본 적 있다
잘근잘근 천천히 씹어야 제 맛이 난다

오목하고 하얀 그릇 빨간 초고추장 풍덩 찍었다
입안에서 꼬들꼬들 오독오독 씹히는 맛
코가 펑 뚫리고 목젖이 화끈
눈 감고 먹어봐야 맛을 안다고 했다

골목길 지나는데 음식점 간판
'흑산도 홍어 아가씨'
강의실에서 나온 회원 몇 점심을 먹으러 들어간
홍어 찌개 부글부글 기다리고 앉았는데

앞 테이블 건너 웅성웅성 들어온 사내들
흑산도 홍어 아가씨 맛이 어떤가 먹어 보자며
연신 주방 쪽을 힐금힐금 살핀다

꼬들꼬들 오둑오둑 그 맛이 어떤가
흑산도 홍어 아가씨
먹어봐야 맛을 안다며 주문을 넣는다

공손히 주문 받던 여주인
톡 쏘는 맛이 고만이라며
들고 있던 메뉴판으로 사내
어깨를 툭 치며 들어간다

마른명태 한 마리 세운 이유

누워서 팔을 쳐들어 세웠다
욕망은 권면살림* 이었던지 입만 뻐끔거린다
눈은 떴는지 감았는지
팔꿈치 연결고리 걸은 힘줄
조름조름 명태껍질 살결 세웠다 했다

침상 머리맡 앉은 그 남자의 곁눈질
유독 입에 힘을 부여 나도 보았다 한다

불끈 곧게 세운 이유
살아 남은 자만의 간절한 감사기도 아니던가

"두려워마라
내가 너를 도우리라
내가 너를 굳세게 하리라"

* 권면살림 : 그때그때 형편에 맞게 권하고 힘쓰게 함. 시골 시댁에 오시는 이웃집 아주머니 융통성이 깊은 이를 보고 어머님은 권두살림이라 자주 말했다.

'아이스케끼' 그 동작은

초등학교 운동장에서 개구쟁이들이
방울 단 갈래머리 옆짝의 짧은 치마
'아이스케끼' 걷어 올려 울리고 있다

울려 놓고 박수 치며 내달려가 히득대는 것은
자신이 울고 나온 탯줄을 확인해
남자로 가는 첫 번째 계단 올라서는 것이다

제 어미가 감춘 바닷가 생물이 기어 나온 구멍
뽀골꼬골 쓸리는 물길이 보였던가

빨라진 사춘기 어쩌면 지 애비의
은밀한 DNA 받았는지
한번 놓치고 지나가면
아스라이 돌아오지 않을 것 같은

알 수 없는 것은 갈래머리 옆짝궁
눈물 훔쳐 그치고 나면 쫓아가 꼬집어 비틀기
그리고 이내 친해지기 때문이다

남녘 노부부의 바람의 나이

뭍에서 섬사람에게 시집 온
아내가 보물이라며 웃는 저 남자

이리저리 엮어 맨 납작한 지붕을 금방이라도 집어삼킬 듯한 폭풍이 잠잠해질 무렵. 이른 봄바람이 눈치껏 물어다 베어놓은 산수유 꽃이 노랗게 늘어졌다며 아내는 가지를 이쪽저쪽 걷어 올리며 빨갛게 익은 열매 입으로 까는 기술이 최고라며 엄지 치켜세워 남편 자랑합니다

긴 밤 몰래 온 봄비가 거북무늬 흙 틈새 비집고 돋은 쑥 잎을 천천히 적시는 날이면 야트막한 처마 밑으로 떨어지는 낙숫물 사이로 얼굴을 내밀고 나란히 앉아 "그려그려 여기가 극락 아닌가벼" 거친 손마디로 서로를 토닥입니다

먹을 만큼만 건져 올리는 놀래미 우럭 춤을 끄는 손맛도
때를 알고 피는 미역취 방풍나물 길도 걸어봅니다
나이 들수록 더 찬란해지는 노부부의 봄은

바람소리가 천상에서 내린 찰진 인생관이고
봄비 속에 느릿느릿 주신 대로 욕심 없이 주고받는
서로의 숨소리가 거대한 재산입니다

봄비로 오시나요

자부작자부작 봄비인가
아파트 옥상 딛는 빗소리
잠 못 드는 새벽녘
까끌까끌 핏발선 눈
몸 섞고 싶은 이 누구십니까

끝내 좁은 홈통으로 내려와
이리 뒤채고 저리 밀리고
발길에 채여 홀로 물수제비 뜨우다가
달리는 자동차 경적소리에
펄쩍 흔들리며
풀썩 떨어지는 글자로
책갈피에 꽂고 동반자라 적는

이대로 앉아 돌이 된다 해도
사로잡을 봄비로 오시나요

5부

털을 뽑는 이유

2월 어느 날부턴가
줄탁은 시작되었다
앵무새가 제집 알통에서 나오지 않는다 한다

숫놈이 암놈의 머리를 물고
알통으로 들어가 몇 바퀴 돈다
"엄마! 새가 모이도 안 먹고
가슴털을 다 뽑아 제 목 밑 쌓고 앉아 있어요"

맹랑한 저 여자의 딸
오늘따라 목소리가 떨린다
한두 번 본 일도 아닌데
글썽글썽 제 어미가 먼저 생각났던가

천연덕스럽게 그 여자
다 그런 거야 괜찮다
짐짓 이르고 돌아서는데

왜 아니던가 이 지상에서
가장 아린 위대한 털 뽑기

여기 나요 나요 밟고 밟힌 이유

작은애네 막 이소한 앵무새 여덟 마리
그만만한 통 속에 꼬모락꼬모락
섰는지 앉았는지 눈빛이 똥그랗다

너무 어리다 하니
이래도 먹을 때는 먼저 먹겠다고
악다구니 쓴다며 보면 살맛이 난단다

아직 어려 미음 같은 이유식 떠먹이는데
냄새와 그릇 부딪치는 소리 듣고
부화한 우선순위 고사하고
어느새 각자 앞발을 꼬나 딛고
나요 나 먼저 나도 여기 있다며
눈이 번쩍번쩍 밟고 밟히고
먹인 놈은 차례로 한쪽으로 놓지만
한바탕 진땀을 흘린다며 노란수건 내 보인다

엄마! 우리 어릴적 생각 나세요
이 만원어치 사과 사다 먹고 남겨 놓은 몇 알

자다 밤에 어느 인쥐가 다 먹었나
물어보시던 그 때 그 범인
큰애 작은애 서로 나였다는 고백

알고도 모른 척 모르게 혼내는 체 했지
저희 둘 서로 마주 바라보며 눈 찔끔했던 이유

애들아 미안하다 왜 몰랐을까마는

인생극장

산다는 것 희부연 안개 길
오다가다 맞닥뜨려 부딪히는 사연들
소도 보고 말도 보고
엎치락뒤치락 어찌 그리 좋기만 했던가
형 동생 이웃사촌
이런 저런 제 입장에서 입 내밀고
오글오글 폈다 줄였다
뒤틀려 엇나가 토라진 곳마다
살살 펴 달랜다는 이유로
얼마나 깊이 속 끓였던가
괜찮다 아니라면서
나름대로 욕심은 왜 없었겠는가
여울져 흐르는 물살 파인 주름
바지 앞 무릎선 볼품없이 튀어 나오고
뒷주름 꼬깃꼬깃 구겨진 차림으로
당당히 거대한 무대에 서 본 적 있다

일요일의 아침상

여름 가뭄으로 타들어가다
장마로 꼭지가 빠지고 잎만 무성한 호박 줄기
연한 잎 따다 찌고 우렁강된장 쪄서
호박잎 쌈 싸니 입안에서 착착 감기네요

꽈리고추 잔멸치 조림간장 옷 입히니
그 맛 매꼼달콤 별이 되는가
양파 큰 것 두개 썰어 쪼글쪼글
갈색 옷 갈아입고 조연이 주연인 양
호사스럽게 있는 대로 뽐을 내데요

저녁시장 들러 병어 세 마리
오만 원에 산 이튿날 아침
감자 깔고 유장 얹어 뽀글뽀글 조려 올린
일요일 아침상 진수성찬
참 간사해요 오늘따라 그 사람
입이 화사해 밥 먹은 것 같다 하네요, 하여간

달빛 양푼

동지섣달 지붕 위 나무도
온 세상은 흰 옷을 하얗게 입었습니다
달빛조차 유난히 눈부시게
펑펑 쏟아지는 밤입니다

저만큼 창밖으로
고향집 김장독이 보이고
밤늦게 동치미 뜨러 가는
달빛 양푼이 보이네요
달그락달그락 국물 푸는 소리
손 시려 웅크리고 신발 끄는
그 발자국 선명히 보이네요

가로등 아래 골목 뉘 집 어디선가
달 향해 서서
컹컹-컹 개 짖는 소리

그렇게 외로웠으면
그렇게 무서웠으면

그렇게 그리웠으면

씹다 뱉어버릴 수도
지워 없앨 수도 없는 그런 날
골목길 돌아 달밤에 비친
발자국 깊이를 재보는 밤입니다

밤매미가 안부를 묻는가

엊저녁 빛의 산란이 멋은
처서 지난 어느 날
방충망에 붙은 매미 한 마리가 한사코 운다
무엇이 그리 궁금한가
날개 부비며 안부 묻고 묻는다

그 젊은 날 젖먹이 업고
이집 저집 단칸방 셋방살이 서러워 울던 날들
왜 배는 곯지 않았겠는가

어찌어찌다 급성황달병 걸렸을 때
당신의 딸 살려야 한다며
팔 개월 젖먹이 손녀
꿀꺽꿀꺽 먹는 젖 떼어 데려갈 때
불그스레 눈시울 적시며 가셨다

큰 놈이 초등학교 일학년
남은 새끼 셋 끌어안아 기막혀 따라 울었다
눈치 없이 젖은 왜 그리도 퉁퉁 붓던가

칼날보다 더 무서웠던 그 초가을
우수수 낙엽은 떨어져
온기도 없는 윗방 쪽마루 앞에서
저승사자마냥 기웃기웃 거렸다

그렇게 서럽고 무서운 시절 어떻게 참고 왔느냐고
방충망에 붙어 한나절 내내
저녁까지 묻고도 그리 궁금하든가
목 터지도록 밤늦게까지 울고 또 운다

가로수 암은행나무 아래서

밟혀 으스러진 은행알이 멍석을 펼쳤다
은행이 깨질까 봐 요리조리 외발뛰기로 섰는데
또르르 구르는 은행알에 걸친
외사촌언니들의 고추장 바른 입술이 유난히 맵다

"강경 이모는 손가락이 꼬부라지게 일해서
동생들 공부시켜 대처로 내보냈는데
우리 엄마는 자기밖에 모른다
휘파람 소리 나게 걷어들고 일어서는
열두 폭 황나빛 저 치맛자락 좀 봐라
거두지도 못하면서 낳기만 하고……"

투정 반 원망 반
가무잡잡 도톰한 입술 빨간 고추장 칠을 했다
효도 심청 셋째 막내딸조차 예쁜 얼굴 구기며
위 언니들 말에 말없이 고개만 끄덕였었다

묶어 놓고 때리는 매질에
속수무책 우린 예순의 끝자락

가로수 은행나무 밑에 서서
노심초사 턱 건드려 들춰 본 밑둥
쏟아져 나온 나의 은행알
새벽이슬 바람에 도시락 다섯 여섯 개
어떤 날은 여덟 개 싸들고 나간 아침
늦은 밤 쉰내 나는 빈 도시락 통 씻는 물소리

송곳 같은 청백리 매번 충족하기만 했을까
속이 파란 나의 은행알
몇 탕기 고추장을 바르고 싶을까

눈을 흘기다

입동 지나 어느 날
초저녁 한숨 자다 깬 눈 오는 긴 밤
조용히 앞 베란다로 뒤 베란다로
할머니 이불 밑을 쳐들다가
은근히 부화가 올라
저 남자에게 눈을 흘긴다

땡볕이 돌담 넘어
감나무 감꽃으로 올라앉은 가을 날
들길을 지나다가도
'어마나 그림이네'
책 읽듯 외우는 까닭
그 남자는 몰랐던가
저만큼 흘러가 잊혀졌던가

밤새 뾰로통 입을 내밀고
아침시장 갔는데 한 상자 20kg 감만 보인다

동지섣달 눈 펄펄 내리는 밤

아랫목 이불 밑 할머니
놋주발에 연시로 빛나다
한동안 눈 흘길 일 없을 만도 하건만
오늘 자꾸만 눈을 흘긴다

노을 · 2

물리치료 갔다가
그냥 집으로 향하려다
아무 말도 안 했는데
헴헴 헛기침 소리가 안타까워
둔산동 마트로 발길 돌리자 했습니다

수수하고 채양이 넓은
분홍 체크무늬 모자를 하나 샀습니다
애장하던 닥스 모자는 강바람에 날려 보내고
비슷한 색상으로
그럭저럭 여름을 지내볼까
입 다물고 돌아오는 길이었습니다

자주 들러 먹고 오가던 메밀 쪽파 적 한 장
들깨수제비 한 그릇씩 사 먹기도 했습니다
"구수하고 찰지다" 거들며 식당을 나서는데
속수무책 지는 해가 시가지 서쪽을 가로질러
어디론가 넘기도 한다는 걸

허구 많은 꽃 봄날 다 지나고
초여름 오늘에서야 보았습니다

이런 생 저런 생이 천연덕스럽게
서쪽 하늘 밑 구름들이
붉으레 어깨동무 하며 넘어가고 있었습니다

너도 넘고 나도 다 공평하게
그렇게 넘어 가는 것이 생이라면
언젠가는 따라가 넘어봄직도 하겠습니다

나에게

흘러간 시간 속에 홀연히 나를
내던져 둔 줄 알았는데
수없이 날선 날들 천천히 돌아보니
나름대로 잘 지켜 왔어
후회는 없다

서울 사는 강 선배님 어느 날
내 어깨를 다독이며
"장하다 잘 살아주었다 이 시인"

'숨 쉬는 닥나무'
'미용실의 봄'
'에덴의 물방울'
'오토바이 저 남자'
고맙다 겁 없이 매만져 펴낸 손 결

이유도 많고 말로도 푸짐한 사 남매
뭐니 뭐니 해도 커다란 보험금 아니던가

거친 숨소리 땀방울
흰머리쯤이야 별거 아니라 했었지
정말 수고했다

이제 가리 늦게 세상이 준 원칙
목표에 욕심 낼 거 아니지
"그리하지 아니하실지라도"
외나무다리 건너가듯 그리 갈 거지
그리움 외로움 같은 것 묻어두고 걷자

늦가을비 내리는 날의 생각

늦가을비 내리는 날 길을 간다

하루 동여맨 자동차 가쁜 숨 토하고
학교에서 우르르 쏟아져 나오는
소녀들의 청량한 웃음소리
저마다 우산 속에서 까르르 논다
보도블록 울긋불긋 물들인 단풍잎 위에
배 깔고 앉은 진돌이
이리저리 눈만 깜박인다

경계도 없이 흐르는 시간 속
얼기설기 탯줄 같은 비
뿌렸다 그쳤다 변덕이 여드레나 늘어지고
해종일 들랑달랑 떠돌다가
땅에 떨어져 죽지 못한 햇살들은
어디로 가는 걸까
몇 발짝 앞서가는 누군가에 밟힌 나뭇잎
먼저 불어온 비바람이 휘익 쓸어 간다

MRI 사진을 찍어 놓고
딱히 내일의 답 점치지 못하는 발걸음
이런 날은 차라리 술에 취해보고 싶다

차가운 얼굴 밝힌 채 땅거미 기울도록
늦가을비 내리는 날 길을 간다

한여름 밤의 꿈

한여름 8월 3일은 시어머니 기제사
고부간의 갈등은 죽어서도 생기는지
전기 과부하 계량기 스위치 내려갔다

거실에서 아무개야 야 야 거시기 올려라
주방 가스불 앞에서 아이고 더워 두런두런
인문학 강의 '죽음과 삶 그리고 사랑'

시원한 가을날 달밤을 보라 해야겠다
봄날 진달래 향기 타고
흰옷 입은 천사 손잡고 황금의 나라로

구십구세 어느 꽃 봄이나
가을 한낮 〈꿈과두레박〉 월례회 마치고
집에 돌아와서 가족등 밝혀본다

"나 자러 내 방 갈란다"

이튿날 아침 창가에
아름다운 새소리 들어보라 들어와
— 어머나 우리 엄마가

새집

새로 지은 집 서까래 밑
굴뚝새부부 집을 짓고 싶었던가

애간장 녹여 지은 내 집 탐이 났던지
하루에도 몇 번씩 드나들며
뾰족한 입으로 콕콕 찍어도 보고
온실 기둥 찍 똥도 뿌리며 앉았다 간다

염치도 없지 하루에도 수차례씩 망을 보더니
주인 무서운 줄 모르는 세상을 닮았는지
꺄웃 노란 부리로
뒷등을 툭 치고 날라 간다

문동*아 새집을 보았니!

* 글을 읽는 아이를 이르는 말

무릎 관절經

수술은 잘됐다며 엑스레이 사진 보여준 의사 선생님 왈
삼 개월 지났으니 적어도 삼 개월 더 참고 기다려 보라했죠
재활치료 게을리 하지마세요 덧붙여 주면서요

안도의 숨
침 꼴깍 넘기는 소리 들었던지
이젠 괜찮아요 허 허 허
눈 찔끔 뜨고
"앞으로 안 아픈 십오 년이 삶의 질 아녀요"

통째로 바람난 봄을 그냥 넘기고
향기는커녕 아야아야
숨소리도 감추고
보상금 없는 날을 그도 기둥이라
진종일 기대 잡고 이름도 묻어둔 지난 봄 이야기

작품해설

어깨동무하며 넘어가는 생

‖ 작품해설 ‖

어깨동무하며 넘어가는 생
— 이형자 제4시집 『오토바이 저 남자』를 읽고

양애경 *

  이형자 선생님은 현재 작품활동을 하시는 대전과 충남의 시인들 중에서 여성으로서는 연배가 높으신 편에 속한다. 당시 여성들이 보통 그랬듯이 사회생활과 가정생활이 어느 정도 완성된 이후인 1998년 등단하셔서, 여성문학회 회장도 역임하셨고 꿈과두레박 동인지를 15년 간 회장으로 이끌어 오시기도 했다. 문학모임에서 여러 번 마주쳤지만 지인들끼리 그룹지어 있는 분위기라서 아쉽게도 긴 대화를 나눌 기회는 없었던 것 같다. 마침 네 번째 시집을 내신다고 전갈이 와서, 늦었지만 기꺼이 해설을 맡겠노라고 했다. 시집의 해설을 쓴다는 것은 그 책을 제일 먼저 꼼꼼하게 읽어드린다는 뜻이 된다. 그리고 시를 읽는다는 것은 작가의 생을 꼼꼼하게 읽는다는 뜻이 된다. 그렇게 해서 이형자 선생님의 생과 뜻깊고 소중한 만남을 하게 되었다.

---

*양애경 : 1982년 중앙일보 신춘문예 시 당선. 전 한국영상대학교 교수

1. 인생이란

정현종 시인은 '한 사람이 온다는 것은 그 사람의 모든 인생이 함께 오는 것'이라고 써서 많은 이의 공감을 받았다. 참 멋진 말이다. 무릇 의미 있는 만남이라면 이래야만 하리라.

때로 우리는 살아온 많은 시간을 뛰어넘어 과거와 현재가 만나는 마술 같은 순간을 경험하게 된다. 타임머신을 타고 바로 그 순간과 공간으로 돌아가서, 수십 년의 세월의 간격이 무색해지는 자리에 서게 되는 것이다.

> 동짓섣달 지붕 위 나무도
> 온 세상은 흰 옷을 하얗게 입었습니다
> 달빛조차 유난히 눈부시게
> 펑펑 쏟아지는 밤입니다
>
> 저만큼 창밖으로
> 고향집 김장독이 보이고
> 밤늦게 동치미 뜨러 가는
> 달빛 양푼이 보이네요
> 달그락달그락 국물 푸는 소리
> 손 시려 웅크리고 신발 끄는
> 그 발자국 선명히 보이네요
>
> 가로등 아래 골목 뉘 집 어디선가
> 달 향해 서서
> 컹컹-컹 개 짖는 소리

그렇게 외로웠으면
　그렇게 무서웠으면
　그렇게 그리웠으면

　씹다 뱉어버릴 수도
　지워 없앨 수도 없는 그런 날
　골목길 돌아 달밤에 비친
　발자국 깊이를 재보는 밤입니다
　　　　　　　　　　―「달빛 양푼」 전문

　지금 시인은 골목에 나와 서 있다. 때는 한겨울 눈이 온 밤, 달빛을 받아서 천지에 깔린 눈이 하얗게 빛난다. 잠을 이루지 못하고 혼자 골목에 서 있는 이유는 무엇일까. 시인은 외롭고, 무섭고, 그리운, 복잡한 감정을 안고 있다. 그런데 이 기분, 낯익다. 아주 오래 전 경험했던 같은 감정이다. 그녀는 고향의 친정집 장독대 옆에 서 있다. 달그락거리며 시린 손으로 양푼에 동치미국물을 뜨는 사람은 바로 젊은 시절의 그녀다. 답답하기만 한 속을 달래려고 그 깊은 눈 속을 걸어 동치미국물을 뜨러 간 것일까. 그때 그녀가 안고 있던 복잡한 마음이 지금도 생생하게 떠오른다. 후회가 되지만 지워 없앨 수도 없고, 잊어버려 놓여나고 싶지만 잊혀지지도 않았던 일이다. 그런데 현재의 시인은 여전히 그런 감정의 소용돌이 속에 놓여 있다.

　그렇게 오랜 세월이 지났는데도 나는 똑같이 번뇌에서 벗어날 수 없구나, 하고 시인이 생각하는 동안, 그때처럼 동네 개가 컹컹 짖고, 상심한 마음의 깊이만큼 눈 속에 걸어온 발자국이 깊게 새겨져 있다.

사실, 나이가 들면 많은 문제에서 초연해질 것 같지만 그렇지가 않다. 수십 년의 세월이 흘러도 마음은 나이를 먹지 않고 그대로다. 그저 옆에서 나이값을 하려니 하고 기대하는 시선만큼 어른스러움을 가장할 뿐이다. 그것이 인간의 약점이며 또 인간적인 매력이 아닐까. 시 「달빛 양푼」에서 이형자 시인은 스무 살의 처녀 때와 똑같은 마음의 결을 보여준다.

이러한 '갈등'은 시 「인생극장」에서 구체화된다. 때로는 나와 가장 가까운 사람들이 가장 깊게 마음에 생채기를 내는데, 그것은 기대했던 만큼 더 큰 환멸을 느끼게 되기 때문이다.

> 형 동생 이웃사촌
> 이런 저런 제 입장에서 입 내밀고
> 오글오글 폈다 줄였다
> 뒤틀려 엇나가 토라진 곳마다
> 살살 펴 달랜다는 이유로
> 얼마나 깊이 속 끓였던가
> 괜찮다 아니라면서
> 나름대로 욕심은 왜 없었겠는가
> 여울져 흐르는 물살 파인 주름
> 바지 앞 무릎선 볼품없이 튀어 나오고
> 뒷주름 꼬깃꼬깃 구겨진 차림으로

> 당당히 거대한 무대에 서 본 적 있다
> ―「인생극장」중에서

  갈등이 생기는 것은 '자기 입장'을 내세우며 이리저리 변덕을 떠는 자기중심적인 사람들이 있기 때문이다. 그렇다고 포기하고 말 수 없으니 누군가 공존을 위한 협상을 해야 한다. 그런데, 이 뒤틀리고 엇나가고 토라진 곳마다 살살 달래고 붙이는 역할을 하필이면 늘 시인이 맡게 된다. 이른바 큰언니 역할이라 할까. 특별한 협상의 기술이란 게 있을 리도 없다. 중간역할을 맡은 사람이 먼저 손해를 보고 고달픈 일을 도맡아야 불평이 사그러지는 것이다. 그러나 부처님 가운데 토막 같은 사람이라 한들 왜 욕심이 없겠는가. 인생이라는 거대한 무대에, 폼나지 않는다는 걸 알면서도 꼬깃꼬깃 구겨진 차림으로 선다는 것, 그래도 당당하고 떳떳하다는 것은 그렇게 손해를 많이 보고 산 사람 나름의 자부심일 것이다.

  이형자 시인의 이번 시집에서 필자는 시인이 의도적으로 '대비'를 많이 사용하고 있음을 본다. 남자와 여자, 아이와 노인, 모성과 부성, 평화로움과 위험함 등을 나란히 제시하면서 시인은 독자가 함께 생각해 줄 것을 요청한다.

  시「발의 경계」에서 시인은 대학 평생교육원 강의실 앞에서 견학을 온 꼬마들 일행과 마주친다. 방금 강의를 듣고 함께 강의실 문을 나오는 평생교육원 수강생들은 대부분

인생의 황혼에 서 있는 사람들이다. 교사의 인솔에 따라 시끌벅적 복도를 메우고 들어오는 꼬마들은 인생의 출발점에 서 있다. 양쪽 그룹의 대비는 발걸음으로 확실해진다. 한쪽은 느리고, 한쪽은 빠르다. 나이든 수강생들의 발걸음이, 와르르 떼를 지어 몰려오는 아이들에게 걸려 넘어질 듯 위태로워진다. 무릎께에 엉겨드는 아이들에게 길을 내주면서, 평생교육원 수강생 하나가 푸념처럼 '너희들은 처음이고 우리들은 끝이다'라고 중얼거린다.

> 처음과 끝의 경계는 어디
> 무엇으로 선을 긋는가
>
> 네 발로 기다 두 발로 걷다
> 두 발로 걷다 네 발로 긴다
>
> 간간이 네 발이 된 이도 있다
> 흘러간 강물의 물줄기 아른거렸는지
> 찬물을 끼얹은 듯 모두 말이 없다
> 꼬마들이 성스럽게만 보이는가
> ─「발의 경계」중에서

태어나서 처음엔 네 발로 기다가, 두 발로 걷는 것을 배우고, 그러다 나이 들면 다시 보행기나 휠체어에 의지하게 되며, 와상 상태가 되어 바닥에 네 발로 기게 될 수도 있다. 유년과 노년의 대비 국면에서, 인생을 아는 나이의 수강생들은 숙연해진다. 무한한 가능성을 가진 꼬마들이 아름답고 성스러워 보이기도 하지만, 순서가 다를 뿐, 저 꼬마들에게도 노인이 될 시간이 닥쳐온다. 그렇다고 허무에 빠져서 시작조차 하지 않는 게 옳을까. 아니면, 나에겐 끝이 없다고 자만하면서 거침없이 달리는 게 옳을까. 시인은 결론을 내려주지 않는다. 결말이 열려 있는 시이다.

사실 인생에는 많은 위험한 순간이 숨어 있다. 중년의 나이가 되어 동창생들을 만났을 때, 30여 년 세월을 건너오는 동안 많은 탈락자가 나왔다는 것을 듣고 놀란 적이 있다. 일찍 세상을 뜬 친구들이 의외로 많았던 것이다. 무사히 살아남아서 나이 50이 된다는 것, 60이 된다는 것, 그 이상의 나이가 된다는 것…. 이것은 대단한 일이다. 사회적 고위층이나 부자가 되지 않더라도, 그 나이까지 생존한다는 것은 그 사람이 살아남기 위해 열심히 싸웠고, 그 싸움에서 승리했다는 것을 의미한다.

이형자 시인은 생존자답게 그러한 인생의 위험에 대해 잘 안다. 이 시집의 표제시인 「오토바이 저 남자」를 보자.

> 빨간 불빛 잡힌 버스 속에 앉아
> 창문 밖 부릉거리는 오토바이 본다
> 안전모 아래로 땀방울 범벅인 얼굴과
> 부르터 핏물이 엷게 맺힌 입술
> 눈빛 이리 돌렸다 저리 돌렸다 하는 저 남자
>
> 펄펄 끓는 아스팔트 지열을 이겨야 했고
> 정수리 위로 쏟아지는 햇살은 가벼웠겠는가

찔러야 재미인 세상은 가만히 두었겠는가

　　　집에서 기다리는 눈망울은 매일 재잘거리고
　　　오매불망 누구보다 더 빨리 튀어 나가야
　　　살아내는 길목 앞에서
　　　시간은 언제나 여린 손톱만 보였겠는가

　　　파란 신호등 안내로 저리 빨리 튀어 앞지르는데
　　　이름도 성도 모르는 저 남자의 뒷모습
　　　안전핀 꼭 쥔 버스 안에 앉아 두근두근 바라보고 있다

　　　내가 그의 심장이 된 순간이었다
　　　　　　　―「오토바이 저 남자」전문

　시인은 붉은 신호등 앞에 멈춰 있는 버스 안에 앉아 있다. 버스 옆 차선에 오토바이가 멈춰 서 있는데, 오토바이에 탄 남자의 얼굴이 너무 절박해서 눈을 뗄 수가 없다. 땀방울 범벅인 얼굴에 부르튼 입술, 잠깐 신호등에 잡혀 있는 것이 애가 타서 연신 신호등을 바라보는 초조한 시선. 배달이 늦은 것일까? 고객을 놓칠까 걱정하는 것일까? 버스 안에 앉은 사람이 '느림'이라면, 오토바이 탄 사람은 '빠름'이다. 버스가 비교적 안전한 데 비해, 오토바이는 사고가 나면 중상 내지는 사망이란 말이 있을 만큼 위험하다. 그런데 저렇게 애타게 서두르고 있으니, 모르는 사람의 일이라 해도 너무 마음이 불안해진다.

　푸른 신호등이 켜지자마자 버스를 앞질러 튀어 나가는

오토바이 탄 남자의 뒷모습을 보면서 시인은 그가 왜 저렇게 절박한지를 짐작해 본다. 자기만 바라보고 사는 아이와 아내, 늙은 부모, 돈 들어갈 곳 천지인 상황…. 믿을 곳은 오토바이의 속도와 자신의 몸 하나뿐인 남자의 살기 위한 몸부림을 짧은 시간에 모두 알아본 시인의 마음이 조여든다. 저 사람이 무사해야 할 텐데. 그래야 저 가족 모두가 살 텐데. 저렇게 서둘러도 무사할까? 무사해야 할 거야, 저렇게 열심이니 잘 될 거야, 라고 마음속으로 응원한다.

삶의 불안과 생존을 위한 몸부림이라는 동일한 주제를 가진 시 「오적어烏賊魚」에서 시인은 오징어에 대해 이야기한다. 몸에 단단한 곳이라고는 없이 흐늘흐늘한 오징어가 까마귀를 잡아먹는다는 말이 있다. 그 말이 믿어지지 않겠지만, 하늘에서 자신을 잡아먹으려고 내리꽂히는 까마귀를, 오징어가 오히려 긴 다리와 흡반으로 칭칭 감아서 잡아먹는다는 믿을 만한 기록이 있다는 것이다. 험난한 인생을 견뎌낼 수 있을까 의문이 갈 만큼 연약해 보여도, 탁월한 생존전략으로 살아남을 수 있을 거라는 시인의 낙천성과 의지를 보여준다.

그리하여 시 「거진항에서」에서, 또래의 생존자들과 함께 거진항을 여행하는 일행의 즐거운 일상을 볼 수 있다.

거진항에 왔다
어디만큼 가는가 묻는 전화
거진이다 거진 다 왔다 하니

그도 저도 모두 말 된다며 웃는다
거진에서 거진 왔다하는데 무슨 이유

펄떡펄떡 놀래미 뛰고
옆으로 누워 먹물 편지 쥐어주는 오징어
밑바닥까지 다 내보일 듯 쪽빛 바다

오랜만에 만나서 웃고 웃는 다음은 촛대바위
누군가 점 하나를 빼면 좃대바위
사람과 지명 이름들이 닮으면
모두 희극배우가 된다며
왁자지껄 해안 도로를 달린다
　　　　　　　─「거진항에서」 전문

　거진항 근처다. 관광버스인지 승용차인지는 확실치 않지만 일행이 함께 타고서 목적지 근처에 닿은 모양이다. 어디만큼 왔는지 묻는 전화가 온 걸 보니 목적지에 마중 나온 사람이 있는 듯하다. 여행이 순조롭다는 증거다. '거진항에 거진 다 왔다'는 사소한 농담에 모두 즐거워한다. 촛대바위로 가면서 '점 하나를 빼면 좃대바위'이지 않느냐고 농을 하자 또 웃는다. 그 정도 야한 농담은 흉이 되지 않는 사이다.

　인생이 군데군데에 파놓은 함정을 알면서도 밝고 낙천적으로, 동시대의 사람들과 어깨를 나란히 하고 살아내는 것, 그것이 인생을 사는 방법이라고 시인은 시를 통해 말하고 싶은 것 같다.

2. 여자와 남자란

여자와 남자가 서로 이끌리는 일은 미스테리다. 어찌 사람뿐이랴. 동물과 식물도 이끌고 이끌려서 번식하고 번창한다. 수많은 문학작품에서 변주되듯이, 사랑은 우주 형성의 제1원리라고 할 만하다. 이형자 시인의 시적 원천 중 중요한 부분을 차지하는 것이 여자와 남자, 모성母性과 부성父性에 대한 사색이다.

남녀의 사랑의 시작은 남자의 유혹이 먼저인 듯하나, 기실은 여자의 허락이 먼저라는 설이 있다. 이것은 동물의 예를 보면 알 수 있는 일이다. 암컷이 받아들일 준비가 되었을 때 수컷들의 경쟁이 시작되는 것이다. 식물도 마찬가지다.

> 예뻐라! 저것 좀 봐요
> 봄 뜰안 가득 꽃향기 풀어 놓았네
> 벌들이 처녀인 줄 미리 알고 윙윙 바글바글
> 그새 처녀 젖꼭지만큼 크게 연 아그배도 있네
> 부끄러워 꽃 속에 숨었네
> 괜찮아 얼굴 들고 나와 봐
>
> 아그배꽃 나무 밑에서
> 그 봄날의 아낙네 풀매다 말고
> 막걸리 한 잔 나도 그런 날
> 저런 때 있었다나 뭐래나
> 문득 눈 시리게 올려다보며
> 벌들이 너무 많이 몰려온다나요
> ―「아그배 꽃」전문

첫 행부터 봄의 황홀감이 물씬 느껴진다. 이제 막 피기 시작한 아그배꽃이 겨우 한나절 만에 만발한다. 꽃향기에 홀려 온 벌떼가 꽃술에 파묻힌다. 저런! 처녀 젖꼭지가 저리 크네! 하고 놀리던 이모 목소리가 들려오는 듯하다. 암꽃과 수꽃이 섞이지 않으면 열매가 커지지 못하고 떨어져 버린다. 부끄러움도 없고 망설임도 없이 꽃과 벌과 나비가 뒤섞이는 매혹적인 한때가 지나야만 한다. 풀 매던 중년의 아낙네에게도 그런 때가 있었다. 젊은 시절의 황홀을 돌이켜 보게끔 하는 시다.

남자와 여자는 서로에게 관심이 참 많다. 시시때때, 곳곳마다 성에 관한 암시가 없는 곳이 드물 지경이다. '먹는다'는 말도 종종 남용되는데, 홍어도 그런 먹을거리 중 하나다. 시 「흑산도 홍어 아가씨」에서 시인 일행은 근처 음식점에 들어가 홍어찌개가 끓기를 기다리고 있다. 그런데 음식점 간판이 '흑산도 홍어집'이 아니고 '흑산도 홍어 아가씨'다. 이 간판이 또 남자들에겐 농거리의 소재가 되나 보다.

> 앞 테이블 건너 웅성웅성 들어온 사내들
> 흑산도 홍어 아가씨 맛이 어떤가 먹어 보자며
> 연신 주방 쪽을 힐금힐금 살핀다
> 꼬들꼬들 오둑오둑 그 맛이 어떤가
> 흑산도 홍어 아가씨
> 먹어봐야 맛을 안다며 주문을 넣는다
>
> 공손히 주문 받던 여주인

> 톡 쏘는 맛이 고만이라며
> 들고 있던 메뉴판으로 사내
> 어깨를 툭 치며 들어간다
> 　　　─「흑산도 홍어 아가씨」 중에서

　여주인인지 주방아지매인지는 모르겠으나, 아무래도 이 가게엔 사내들의 눈길을 끄는 여성이 있는가 보다. 주방 쪽을 힐끔거리며 먹어봐야 맛을 알겠다고 굳이 강조하는 내심이 엉큼해 보인다. 여주인도 대차다. 사내들의 '꼬들꼬들 오독오독'이란 말에 기죽지 않고, '톡 쏘는 맛이 고만'이라고 대거리를 하면서 메뉴판으로 사내의 어깨를 툭 치기까지 한다. 쿵! 에는 짝! 이 보기 좋을 수도 있다. 괜스레 주눅들어 수줍어하는 것보다는 낫다. 이러면 성희롱의 가해자도 피해자도 없는 평화로운 판이 만들어지는 것이다.
　때로 드물게 암과 수의 사인sign이 맞아떨어질 때가 있다. 어느 쪽이 먼저 유혹했는지도 모를 만큼 자연스럽게 얽혀버리는 것, 예전엔 매혹이라고 불렀고 요즘 젊은 사람들은 썸이라고 부르는 그것이다.

> 내심 깊이 묻어두었다가
> 손톱을 깨무는 마법의 거리가 있다
> 이브의 원죄 아담의 유죄
>
> 혹여 누구라도 밑도 끝도 없는
> 이 두근대는 온도 재 본 적 있던가
> 　　　─「마법의 거리」 중에서

정숙한 여인이어도 두근거릴 때는 있게 마련이다. 평소 쿨했던 남정네도 그렇다. 아담과 이브의 원죄이며 생명이 이어지도록 마련된 자연의 설계다. 이 묘한 자연의 이치에 대해 시인은 생각을 멈출 수 없는데, 그것은 시인 자신도 여기서 완전히 자유로울 수 없는 존재임을 알기 때문인 것 같다.

시 「아직도 살아 있네」에서 시인은 차 안에 있다. 버스인지 기차인지 모르지만 대중교통인 듯하다. 그런데 왠지 편치가 않다. 체한 것일까 용천혈을 눌러보기도 하고 맥을 짚어보기도 하지만 어디가 불편한 것인지 이유를 알 수가 없다. 그러다 문득 깨닫는다. 아마도 우연이었을 것인데, 좌석을 함께 한 옆자리 남정네와의 물리적 거리가 너무 가깝다는 것을.

맞닿아 있는
검정 망사스타킹 입은 다리와
오월 밤꽃 향기 옆좌석 다리

어느 날인가
겨울 윗목에서 솜이불 같이 덮는 사람
퉁명스레 던지던 말

"차속에서 다리 대고 다니지 마"

까맣게 잊은 줄 알았는데
두근두근

아무도 모르게 홍당무가 되었네
　　—「아직도 살아 있네」 중에서

　좁은 대중교통 좌석에선 옆자리 사람과 다리가 맞닿을 때가 많다. 신체적 조건 때문이겠지만 남자들은 왜 그렇게 넓게 자리를 차지하는지. 그래서 여자들은 다리를 반대쪽으로 최대한 비키느라 애를 쓰기도 한다.
　'겨울 윗목에서 솜이불 같이 덮는 사람'은 물론 시인의 부군이겠다. 다리가 닿아도 좋고, 체온을 함께 나눠도 좋은 유일한 이성이리라. 남편이 퉁명스레 한 마디 툭 던진다. '차 속에서 다리 대고 다니지 마'. 그 속마음은 이렇지 않을까? '처녀 때 나랑 앉았을 때 다리도 피하지 않더니만, 요새는 안 그러는지 모르겠네. 늑대 득시글대는 세상에서 좀 조심하고 다녀야 하건만'. 시 제목인 '살아 있네'는 양쪽에 해당될 수 있을 것 같다. 여자 입장에선 '아직도 두근거릴 수 있다니 여자로서 난 살아 있네'이고, 남자 입장에선 '아내가 나가서 외간남자들에게 여자로 의식되면 어쩌나'이다. 부부의 내밀한 속내를 읽어낸 시의 독자도 슬며시 미소가 떠오르는 장면이다.
　그럴 때는 눈치가 빠른 남편도 어떨 때는 어찌나 아내의 마음을 몰라주는지 답답하다. 시「눈을 흘기다」에서 남편이 아내의 눈총을 먹는다. 그 이유는 아내가 아끼던 연시가 바닥이 났기 때문이다. 감나무에 감꽃이 피었을 때부터 감이 익어갈 때까지 아내는 늘 겨울날 베란다에 두고 익혀먹을 연시를 기대했었다. 그런데, 남편께서 감을 다 드셨는지, 아니면 누군가에게 선물로 주었는지는 모르겠으나, 감이 떨어지고 말았다.

> 밤새 뾰로통 입을 내밀고
> 아침시장 갔는데 한 상자 20kg 감만 보인다
>
> 동지섣달 눈 펄펄 내리는 밤
> 아랫목 이불 밑 할머니
> 놋주발에 연시로 빛나다
> 한동안 눈 흘길 일 없을 만도 하건만
> 오늘 자꾸만 눈을 흘긴다
> ─「눈을 흘기다」 중에서

아내에게 연시는 단순한 군것질거리가 아니다. 어렸을 때 할머니가 주시던 연시는 아내에게 추억이고 그리움이다. 사실 익혀먹을 감이 그리 비싼 것도 아니다. 시장 간 김에 한 상자 사도 그만이다. 그렇지만 남편이 자기 맘을 살펴주기를 바랬던 아내로선 자존심이 상해서라도 감 사자는 말이 나오지 않는다. 안된 것은 남편 입장이다. 아내가 왜 자꾸 눈을 흘기는지 남편이 알았을 것 같지 않다. 그렇게 연시가 중요한지 말을 안 하는데 어찌 알겠는가. 오해가 풀리는 데 한참 걸렸을 것 같다.

남자와 여자가 아버지가 되고 어머니가 되면 관심의 중

심이 자식으로 옮겨진다. 「털을 뽑는 이유」에서 딸은 집에서 기르는 앵무새 때문에 걱정이 많다. '새가 모이도 안 먹고 가슴털을 다 뽑아 제 몸 밑에 까는' 이상행동을 하고 있기 때문이다. 어머니는 앵무새가 새끼를 기를 준비를 하고 있음을 알아차린다. 그것이 새든 사람이든, 어미가 되기 위해서는 희생이 필요하다는 것을 어머니는 이미 알고 있다.

시 「피와 살의 관계」에서는 딸이 성장하여 어머니가 되어 있다. 외손자가 학교에서 공던지기를 하다가 다쳐서 깁스를 했다는 소식에 딸의 집에 달려가 보니, 아이와 병원에 다녀온 딸이 울먹인다.

> 이상해요 재훈이 손가락이 아픈데
> 손가락 사이로 끼어든 바람
> 왜 가슴 타 넘어와 제 손가락이 아파요
> 저 잘 키워줘서 감사해요
> 사랑해요 엄마!
> 울음 가득 섞인 목소리다
>
> 그런 거다 이상할 것 없다 덩달아
> 내 눈물도 목이 메어 일어서려는데
> 딸아이 중2 때 롤라스케이트 타다 부러져
> 두 달 동안 고생하던
> 종아리뼈가 아리게 건너와 일어설 수가 없다
>
> 손자 손가락이 손자 것이 아니다
> 딸아이 몸이 딸아이 몸이 아니다

내 맘은 더욱 내 맘이 아니다
　　　　　　―「피와 살의 관계」 전문

　자식이 손가락을 다치자 자기 손가락이 아파왔다는 딸의 고백에, 엄마 또한 딸아이가 어릴 적 종아리뼈를 부러뜨렸던 충격이 아직도 자신의 종아리뼈를 울리는 것을 느낀다. 감정이입이 얼마나 강하면 타인의 고통을 자신의 몸으로 느끼고, 수십 년의 세월 후에도 그때의 아픔을 다시 느낄 수 있는 것일까? 대를 이어가는 강력한 모성에 숙연해지고 만다.
　여자가 어머니가 되는 동안, 남자 또한 아버지가 된다. 시「탁란」은 자연계의 숫컷들이 다양한 방법으로 후세를 남기기 위해 헌신하는 모습을 보여준다.

　　　털이 숭숭하거나
　　　비늘이 까끌까끌 하거나
　　　날개를 퍼덕이거나
　　　땅 위를 어슬렁어슬렁 기거나
　　　각종 날것들의 수컷은
　　　제각기 모양대로의 이별법이 있다
　　　　　　―「탁란」 중에서

　시인이 제시한 대로, 원숭이, 두꺼비, 해마… 등 수컷들의 번식을 위한 전략은 놀라울 정도다. 그런데 '탁란托卵'이란 제목에서 시인의 의도에 대한 궁금증을 가지게 된다. 탁란은 '다른 새의 둥지에 알을 낳는 것'을 뜻하는데, 예를 들어 뻐꾸기가 휘파람새 같은 작은 새의 둥지에 알을 낳아 자신의 새끼를 대신 기르게 하는 행위 같은 것을 뜻한다.

> 모양과 생리는 다 달라도
> 후손의 개체수를 보면 애비의 품성을 안다
> 습성에 따라 풍성하게 흔들린 자장가
> 멈추지 않은 시간의 체위
> ―「탁란」말미

그러고 보면 시인은 자연계의 아버지 역할이란 자신의 자식을 여자의 둥지에 담아서 여자에게 대신 기르게끔 하는 '탁란'이라고 생각하는 것이 아닐까 하는 생각도 든다. 이럴 때 자식 하나하나에 온 정성을 쏟는 암컷과 달리 수컷들은 양으로 승부하는 성향이 있다고들 한다. 후손이 많을수록 수컷들의 전략의 효율성이 증명되는 것이다.

물론, 가장 고등동물인 사람의 아버지들의 경우는 자손의 행복을 위해 훨씬 큰 배려와 희생을 하는 경우가 많다. 이 경우, 본능보다는 인류발달에 따른 사회화의 결과일 수도 있지 않을까.

남자와 여자의 이끌림으로 만나서, 아버지와 어머니가 되어 가족을 이루고, 이후에도 평생 함께 살아간다는 것은 어떤 그림일까. 시「일요일의 아침 상」같은 풍경이 아닐까.

여름 가뭄으로 타들어가다
장마로 꼭지가 빠지고 잎만 무성한 호박 줄기
연한 잎 따다 찌고 우렁강된장 쪄서
호박잎 쌈 싸니 입안에서 착착 감기네요

꽈리고추 잔멸치 조림간장 옷 입히니
그 맛 매콤달콤 별이 되는가
양파 큰 것 두개 썰어 쪼글쪼글
갈색 옷 갈아입고 조연이 주연인 양
호사스럽게 있는 대로 뽐을 내데요

저녁시장 들러 병어 세 마리
오만 원에 산 이튿날 아침
감자 깔고 유장 얹어 뽀글뽀글 조려 올린
일요일 아침상 진수성찬
참 간사해요 오늘따라 그 사람
입이 화사해 밥 먹은 것 같다 하네요, 하여간
　　　　―「일요일의 아침 상」 전문

　읽기만 해도 입안에 침이 고인다. 요리솜씨가 보통 아닐 것 같은 아낙의 상차림이다. 집에서 딴 호박잎을 쪄서 우렁강된장을 올려 호박잎쌈을 싼다. 꽈리고추와 잔멸치를 간장으로 매콤달콤하게 조린다. 양파 장아찌를 푸짐하게 썰어 상에 올린다. 이만해도 진수성찬이다. 그런데 낭군님은 만족하지 않으신 것 같다. 그날 저녁 시장에 들러 병어 세 마리를 사서 다음날 아침에 감자 깔고 고추장 양념 듬뿍 얹어 뽀글뽀글 조린다. 일요일 아침의 성찬이다. 그제서야 남편은 '입이 화사해 밥 먹은 것 같다'고 만족감을 표현한다. '하여간 까다롭긴'이라고 살짝 눈을 흘기지만, 남편 입맛을 만족시킨 주부의 마음도 흐뭇하다. 함께 텃밭에 채소를 가꾸고, 함께 시장에 나가 음식거리를 사서 맛있는 음식을 만들어 먹는 부부의 평화로운 일요일 아침, 참 보기좋은 그림이다.

남자와 여자로 만나 아버지와 어머니가 되고, 동반자로 삶을 즐기며 나이들어가는 일상의 소중함이 흠뻑 느껴지는 작품들이다.

3. 아름다운 것들과 함께 저물며

이형자 시인의 시어는 계절의 변화를 잡아낸 작품들에서 특히 섬세하게 빛난다.

> 무럭무럭 5월은 온통 짙푸르다
>
> 하얀 드레스 목련꽃 지다
> 울타리 맨 끝자락 연분홍 살구꽃 지다
> 우물가 올망졸망 앵두꽃 지다
> 산수유 꽃 지다
> 난쟁이 보랏빛 제비꽃 지다
> 무덤가 허리 굽은 할미꽃 지다
>
> 졌다 한들 누구도 탓하지 않는다
> ―「지상의 거처」 전문

겨울에서 봄, 봄에서 초여름으로 넘어가는 5월은 신비로운 아름다움으로 가득찬 달이다. 온 천지에 차례차례 피어났던 꽃들이 차례차례 지고, 초록 잎들이 하나하나 피어나 세상을 푸르게 덮는다. 시인은 피고 진 꽃들의 이름을 불러본다. 목련, 살구꽃, 앵두꽃, 산수유, 제비꽃, 할미꽃…. 이 꽃들이 피고 진 장소도 불러본다. 뜰 안, 울타리 맨 끝자락, 우물가, 담장 옆, 길 가, 무덤 가…. 모두 오랜 세월 동안 시인이 그 안에 깃들어 살았던 장소들이다. 이 작품은 계절이 주는 삶의 기쁨을 아기자기하게 그려내고 있다.

꽃은 시인을 소녀시절로 되돌리기도 한다.

  천변 코스모스 꽃에 갇혔다

  보송보송 단발머리 소녀였던가
  아슴아슴 꿈이었던가

  실바람에도 살랑대는 꽃이여
          —「꽃 속에서」전문

코스모스가 핀 길 가운데로 시인이 홀린 듯 걸어 들어간다. 바람에 살랑대는 꽃 한가운데에서 시인은 단발머리 소녀 때로 순간 이동한다. 앞선 시「달빛 양푼」에서 그랬듯이 사람의 의식은 시간과 공간을 뛰어넘을 수 있다. 왜냐하면 지금의 나는 그때의 나와 같은 사람이기 때문이다. 몸은 나이를 이길 수 없지만, 정신은 가끔 나이를 잊는다. 코스모스 꽃길에서 시인의 표정은 아마 소녀시절로 돌아갔으리라.

  그런데, 나이가 들수록 여름이 가는 것이 아쉬워진다. 가을이 깊어지고 겨울이 다가오는 징조가 확실해지면, 또 한 해가 가는 것을 실감하게 된다. 젊었을 때는 또 한 해가 간다는 게 서운해지는 정도였다면, 나이 들면 조금 두려워진다고나 할까.

>심장이 두근두근 빨라졌다
>
>멀리 어미 죽고 애비 죽어 우는
>쑥국새 때문인가
>
>일찍 깬 텃새 한 마리 아파트 창문을
>가로지르기 때문인가
>
>가늠할 수 없는 안개
>구불구불 산길을 휘익 감아 도는데
>느닷없이 어깨를 툭 치고 떨어지는
>가랑잎 때문인가
>
>밤을 지키는 귀뚜라미 울음소리 때문인가
>
>가을비 추적추적 내리는 날
>보도 위 이별의 빨간 손도장 때문인가
>   ―「가을 이유」 전문

늦가을의 어느 날, 시인은 심장이 평소보다 빠르게 뜀을 느낀다. 격한 운동을 한 것도 아니고 특별한 일이 있었던 것도 아닌데 심장이 왜 두근거리는 것일까. 한 해가 지나가고 있다는 징조가 겹치기는 했다. 멀리서 들려오는 쑥국새의 처연한 울음소리, 텃새가 날개를 털며 지나는 소리, 산길을 감아도는 안개, 어깨를 툭 치고 떨어지는 가랑잎, 귀뚜라미의 울음소리…. 이 모든 것이 이별을 알리는 암시인 듯 여겨진다. 이 시 속에는 나오지 않지만 어쩌면 시인은 주변 지인의 부고를 받은 참이었는지도 모른다. 각별히 가까운 사이가 아니었더라도, 늘 곁에 있을 것만 같았던 사람들이 하나 둘 세상에서 사라지는 것은 쓸쓸하고 두려운 일이다. 그리고 한 해의 마지막을 향해 치닫는 계절이 되면, 이런 소식들이 자주 들려오기 마련이다.

그렇지만 시인은 또, 평범한 하루에서 희망의 메시지를 발견하기도 한다.

첫 새벽 어린이집 뒷동 뉘집에선가
창문 반짝 불이 켜진다

순간 반가웠다
시간이 성큼성큼 걸어와
한 집 또 한 집
어둠을 밀어내고 있다

아래층인가

> 위층에선가
> 땡그랑 수저 그릇 떨어뜨리는 소리
> 그렇게 밤의 매듭을 푸네
> ―「매듭」 중에서

  이른 새벽, 일찍 잠이 깨어 불도 켜지 않고 창문 밖을 바라보고 섰는 시인의 눈에, 어느 창문에선가 반짝 불이 켜지는 것이 보인다. 어린이집이 있는 쪽 방향이다. 낮이면 아이들이 오물오물 모여드는 곳이라서인지 더 정겨워 보인다. 시인은 '순간 반가웠다'고 술회한다. 모두 잠들어 있는 줄 알았는데 함께 깨어난 사람이 있다는 반가움, 그리고 한 집 한 집 불이 켜지며 순조로운 하루의 일상이 시작되고 있음을 확인한 안도감에서다. 누군가가 바닥에 식기를 떨어뜨려 땡그랑 소리가 들려오는 것도 정겹다. 일찍 집을 나서는 식구를 위해 밥을 짓기 시작하는 소리이기 때문이다.

  겨울과 밤이 죽음에 가깝다면, 봄·여름과 낮은 생명에 가깝다. 이웃의 창에 불이 켜지기 시작하면서 새로 살아나는 하루를 바라보는 시인의 마음이 희망으로 가득찬다. 이웃들과 같은 장소 같은 시간대에 살아간다는 것은 안심되고 행복한 일이다.

  위에서 필자는 이형자 시인의 4번째 시집의 시세계를 여러 편의 시를 통해 읽어 보았다. 그러면서, 이번 시집의 중심어는 '함께'가 아닐까 생각했다. 표제가 된 시『오토바이 저 남자』에서 우연히 마주친 모르는 남자의 절박한 인생을 진심으로 응원하고 있듯이, 시인에게는 이 시간대에 이 장소를 공유하며 살아가는 가족, 이웃, 자연에 대한 지극한 애정이 있다.

이 글을 맺음하는 시로 「노을 · 2」를 들어야겠다고 결정한 것도 그래서였다. 시인의 메시지를 포함하고 있기 때문이다.

> 속수무책 지는 해가 시가지 서쪽을 가로질러
> 어디론가 넘기도 한다는 걸
>
> 허구 많은 꽃 봄날 다 지나고
> 초여름 오늘에서야 보았습니다
>
> 이런 생 저런 생이 천연덕스럽게
> 서쪽 하늘 밑 구름들이
> 붉으레 어깨동무 하며 넘어가고 있었습니다
>
> 너도 넘고 나도 다 공평하게
> 그렇게 넘어 가는 것이 생이라면
> 언젠가는 따라가 넘어봄직도 하겠습니다
> ─「노을 · 2」중에서

시인은 초여름의 저녁, 해가 넘어가는 서쪽하늘, 노을에 물든 구름들이 때로 남은 햇볕에 강렬하게 물들고, 때로는 다가온 어둠에 푸르게 물들면서 흘러가는 모습을 독자에게 제시한다. 그러면서 '이런 생, 저런 생들이 붉으래 어깨동무하며 넘어가고 있다'고 묘사한다.

그러면서, '너도 나도 공평하게 넘어가는 것이 생'이라면, 언젠가는 '함께 따라가 넘어보는 것도 괜찮은 일이 아니겠는가'고 독백한다. 그렇다. 우리 모두는 생명에는 끝이 있다는 것을 알고 있지만, 그렇다고 해서 비관하는 데 시간을 낭비하지 않는다. 그리고 그러한 낙천성에는, 사랑하는 사람들과 '함께' 한다는 믿음이 크게 작용한다.

때로는 단발머리 소녀로, 아직도 생생하게 살아 있는 감각을 가진 여자로, 때로는 강렬한 모성을 가진 어머니로, 어려운 인생을 함께 하는 이웃을 응원하는 조력자로…. 다양하고 강렬한 삶의 모습을 보여주는 이형자 시인의 작품들을 읽으며, 일견 평범해 보이는 삶을 성공적으로 살아내는 것이 사실은 얼마나 비범한 일인가를 다시금 느끼게 된다.

이든시인선 073

오토바이 저 남자

ⓒ이형자, 2021

발행일	1판1쇄 │ 2021년 7월 22일
지은이	이형자
발행인	이영옥
편 집	이설화

펴 낸 곳	이든북
출판등록	제2001-000003호
주 소	대전광역시 동구 중앙로193번길 73
전화번호	(042)222-2536 │ 팩스(042)222-2530
전자우편	eden-book@daum.net
카 페	http://cafe.daum.net/eden-book
블 로 그	https://blog.naver.com/foreverlyo5

ISBN 979-11-6701-059-9

값 10,000원

* 이 책의 판권은 지은이와 이든북에 있습니다.
* 이 책 내용의 전부 또는 일부를 재사용하려면 반드시
  양측에 서면 동의를 받아야 합니다.

* 본 도서는 행복충만 충청남도, 충남문화재단 의 후원으로 발간되었습니다.